32 Strategie per il gioco del Tennis contemporaneo

di Joseph Correa

Le 32 Strategie Più Preziose per il Tennis che potrai mai imparare!

COPYRIGHT PAGE

© 2016 Finibi Inc

Tutti i diritti riservati. Questo libro o parti di esso non possono essere riprodotti o utilizzati in alcun modo senza l'espressa autorizzazione scritta dell'editore ad eccezione di brevi citazioni di libri per le recensioni del libro.

Scansione, copia, e la distribuzione di questo libro via Internet o tramite qualsiasi altro mezzo senza l'espressa autorizzazione dell'editore e dell'autore è illegale e punibile dalla legge.

Si prega di acquistare solo edizioni autorizzati di questo libro. Si prega di consultare il proprio medico prima di allenarsi usando questo libro.

Questo libro è dedicato a mia figlia, Gabriela, in modo che lei possa avere una guida per le sue partite di tennis future, qualora decidesse che il tennis sia la sua strada.

INTRODUZIONE

32 STRATEGIE PER IL GIOCO DEL TENNIS CONTEMPORANEO di Joseph Correa giocatore di tennis professionista e allenatore, Joseph Correa, ti insegna le strategie di tennis più importanti e le tattiche di gioco per aiutarti a massimizzare il tuo potenziale. Ulteriori informazioni su: - le strategie di base del tennis - tennis strategie avanzate - strategie di tennis mentali - e molto altro ... Alcune delle strategie ti insegneranno cosa fare per: Come battere un giocatore a tutto campo. Come battere il giocatore che sta a rete. Come avere la meglio sui pallonetti. Cosa fare dopo il doppio errore. Impara dai migliori con questo grande libro di strategia di tennis che ti porterà a vincere più partite e pensare meglio anche fuori dal campo. Vincerai più partite utilizzando la strategia giusta per ogni situazione. Ogni giocatore è diverso a suo modo. Alcuni giocatori preferiscono rimanere sulla linea di base, mentre altri preferiscono correre in rete. Questo libro ti darà la risposta alle tue domande strategiche. Le 32 strategie ti insegneranno come battere molti tipi diversi di giocatori e ti aiuterà a superare gli ostacoli mentali attraverso specifiche strategie mentali che sono incluse in questo libro. Più strategie e tattiche si conoscono e si possono utilizzare meglio sarà per te.

La strategia gioca un ruolo importante nel tennis competitivo e saper applicare tali strategie possono aiutare a vincere più partite contro avversari difficili. Queste strategie vi permetteranno di fare tre cose:

1. Prepararsi per uno stile specifico del giocatore.

2. Imparerai che le strategie preparate precedentemente possono essere utilizzate per competere in modo più efficace.

3. Come eseguire queste strategie basandoti sul tuo stile di gioco.

Questo playbook di strategie del tennis è tascabile e dovrebbe essere tenuto nello zaino da tennis o dove è più semplice leggerlo per tenervi pronti ad applicare sempre le strategie più utili per quella partita.

INFORMAZIONI SULL' AUTORE

Joseph Correa è un giocatore di tennis professionista e allenatore che ha gareggiato e insegnato in tutto il mondo in tornei ATP e ITF per molti anni. Oltre ad essere un giocatore di tennis professionista, ha una certificazione USPTR di coaching professionale ed una certificazione ITF di coaching per bambini e ha allenato centinaia di giocatori di tennis.

Come autore di questo libro, credo fermamente nell'importanza dell'attuazione di strategie specifiche nel tennis. A volte un ottimo giocatore può perdere contro un giocatore di livello inferiore semplicemente perché ha utilizzato una strategia errata, e viceversa. Questo libro ti aiuterà a vincere più partite e ad arrivare al successo nella vita di tennista.

Cordiali saluti,

Joseph Correa

CONTENUTO

INTRODUZIONE

DELL'AUTORE

CAPITOLO 1: RIGUARDO GLI STILI BASE DI GIOCO

1. Come sconfiggere un baseliner

2. Cosa fare contro un net-rusher

3. Come battere un counter-puncher

4. Come battere un giocatore che utilizza il serve&volley

5. Come far fuori un giocatore a tutto campo

6. Come sopraffare chi usa I pallonetti

7. Come battere un pusher

CAPITOLO 2: RIGUARDO UNO STILE AVANZATO DI GIOCO

8. Cosa puoi fare contro un giocatore molto forte nel topspin

9. Come avere la meglio su un giocatore che esegue solo slice

10. Come ricevere un grande servizio

11. Come contrastare una palla corta

12. Come superare il corridore

13. Come annientare un grande diritto

14. Come avere la meglio su un grande battitore

CAPITOLO 3: RIGUARDO INUSUALI STILI DI GIOCO

15. Come battere l'"urlatore"

16. Come battere un giocatore che perde tempo sul campo

17. Come superare un giocatore veloce

18. Come battere il favorito del pubblico

19. Come contrastare gli angoli morbidi

20. Come contrastare I tiri alti e profondi

21. Come avere la meglio su rovesci alti

22. Come battere il giocatore scrap-shot

CAPITOLO 4: STRATEGIE MENTALI

23. Come dominare I nervi

24. Come dominare lo stress durante un match

25. Come rimanere concentrati fino alla fine

26. Cosa pensare durante un change-over

27. A cosa pensare prima di un match

28. A cosa pensare durante la notte che precede l'incontro

29. Cosa fare quando stai perdendo di un set

30. Cosa fare quando sei in vantaggio di un set

31. Cosa fare quando sei ad un match point

32. Cosa fare dopo un doppio errore di servizio

32 Strategie per il gioco del Tennis contemporaneo

di Joseph Correa

Le 32 Strategie Più Preziose per il Tennis che potrai mai imparare!

CAPITOLO 1: RIGUARDO GLI STILI BASE DI GIOCO

Strategia #1

Come sconfiggere un baseliner

PROBLEMA:

Un buon baseliner si trova meglio sulla linea di fondo e preferirebbe non andare a rete. Per questo motivo, la miglior strategia sarebbe quella di portare il baseliner vicino alla rete con colpi difensivi che lo porteranno nella situazione peggiore e probabilmente lo porteranno a perdere una semplice volée.

SOLUZIONE:

Uno dei modi migliori per sconfiggere un baseliner è quello di portarlo in rete colpendo uno di questi tiri: uno slice corto, un colpo smorzato, un breve topspin, un angolo corto.

Se si colpisce uno slice corto, il baseliner sarà tentato di entrare in rete e se il tiro è molto corto, dovrebbe trovarsi costretto a lasciare la linea di fondo e farsi avanti per una volée o un tiro sopra la testa.

Se si colpisce un colpo smorzato, si sarà sicuramente in grado di portare l'avversario in rete in quanto non avrà altra scelta che fare un passo ed avvicinarsi all'area di servizio della rete.

Se si colpisce un breve colpo di topspin, il baseliner non sarà costretto a entrare in rete, ma se non lo fa, sarà in una posizione molto scomoda sul campo. È possibile usufruire del suo cattivo posizionamento semplicemente colpendo la palla mandandola dietro di lui.

Se si colpisce un angolo corto, non solo il baseliner sarà fuori dalla linea di base, ma anche un po' fuori dal campo di gioco, e lo metterebbe in una posizione molto scomoda, se non cercherà di coprire il campo entrando in rete.

Se si dispone di un buon servizio, applicare la tecnica del serve&volley lo faranno precipitare in rete semplicemente sorprendendolo ed ottenendo alcuni errori gratuiti di tanto in tanto.

Strategia #2

Cosa fare contro un net-rusher

PROBLEMA:

Il giocatore che ama attaccare a rete è sempre pronto ad andare avanti soprattutto sul secondo servizio, i colpi deboli e le palle corte. I suoi colpi migliori sono di norma le volée e i colpi sopra la testa. Corrono a rete dopo aver servito. Vincono la maggior parte dei punti mettendo pressione a rete costringendo l'avversario a commettere errori o prendere decisioni sbagliate.

SOLUZIONE:

La miglior soluzione è quella di mantenere semplicemente il giocatore sulla linea di fondo colpendo il primo servizio, anche se questo significa togliere un po' di potenza e cercare di posizionare la palla. Inoltre, si dovranno eseguire topspin e colpi in diagonale per mantenere il net-rusher fuori dal campo e lontano dalla rete. Se il net-rusher ha raggiunto la rete è necessario pensare di:

1. Passare oltre colpendo verso il basso.

2. Passare oltre colpendo in diagonale.

3. Passare oltre colpendo un angolo corto.

4. Tirare un pallonetto oltre l'avversario, con un diritto, un topspin oppure un breve slice.

5. Tirargli la palla direttamente addosso per prenderlo alla sprovvista e rallentarlo.

Strategia #3

Come battere un counter-puncher

PROBLEMA:

Il counter-puncher non è solito prendere l'iniziativa durante il gioco. E' quel tipo di giocatore che solitamente aspetta che sia tu a prendere l'iniziativa per poi far fuori il tuo colpo. Se punti la rete ti passerà oltre. Se attacchi colpendo più duro utilizzerà la tua forza per giocare a campo aperto. Questo tipo di giocatore è un grosso guaio quando non si sa bene come affrontarlo. Più duramente e velocemente giocherai, meglio sarà per lui, se non disponi di una strategia rapida.

SOLUZIONE:

Per battere il counter-puncher è necessario capire che la maggior parte del tempo che si dedica all'attacco, è fondamentale assicurarsi di avere uno schema preimpostato che si può mettere in pratica durante il punto. Alcuni esempi possono essere:

- Eseguire un servizio ampio e poi colpire a campo aperto.

- Colpire a campo aperto e poi seguire il tuo colpo in rete per mettere più pressione sul tuo avversario e chiudere il punto.

- Colpire una palla corta e costringerlo a prendere l'iniziativa entrando in rete.

Strategia #4

Come battere un giocatore che utilizza il serve&volley

PROBLEMA:

I giocatori di serve&volley sono veloci e decisivi. Non tentennano quando hanno la possibilità di concludere il punto. Essi eseguiranno un servizio potente oppure di spin e poi andranno subito a rete.

SOLUZIONE:

La migliore strategia contro questo stile di gioco è quello di rallentarli o fermarli mentre stanno andando in rete. I tre modi migliori per rallentarli e fare in modo che commettano molti errori sono:

1. Restituisci il loro servizio facendo arrivare la palla ai loro piedi, costringendoli a compiere una mezza volée.

2. Rispondi al servizio tirandogli la palla addosso, così dovranno spostarsi fuori dalla zona di volée. Non è certo un bel modo per rallentarli, ma è efficace ed è un ottimo strumento se non si hanno altre opzioni.

3. Fai un pallonetto. Rispondi tirando semplicemente la palla alta e profonda e dopo dovresti fare qualche passo indietro nel caso in cui decidesse di colpire duramente da

sopra la testa in aria, come molti cercherebbero di fare. Se colpirai un pallonetto abbastanza alto, l'avversario dovrà colpire con forza al momento giusto, che non è sempre facile quando c'è vento, pioggia, a metà giornata e il sole abbaglia gli occhi o di notte, quando le distanze sono più difficili da distinguere.

Strategia #5

Come far fuori il giocatore a tutto campo

PROBLEMA:

Il giocatore a tutto campo è in grado di fare tutto. Serve&volley, counter-puncher, attaccare e correre in rete, essere paziente e coerente anche nelle retrovie. Ogni giocatore cerca sempre di fare pratica e lavorare duramente per diventare un giocatore a tutto campo, che non ha nessuna debolezza evidente che renderebbe più facile l'attacco da parte dell'avversario.

SOLUZIONE:

Il giocatore a tutto campo di solito è bravo in tutto, ma non significa che non abbia punti deboli. E' meglio concentrarsi su ciò che fa peggio e aggiustare la partita in modo da eseguire quello che sai fare meglio.

Per esempio: se ha un rovescio debole e tu dispone di un forte dritto, dovresti servirgli un rovescio e poi correre verso il tuo rovescio come per colpire un dritto. Continua facendo pressione colpendo un rovescio fino a quando avrai la possibilità di andare a rete e di colpire la palla. In questo modo lo costringerai a giocare secondo il tuo stile di gioco più efficace, contro il suo colpo più debole. Un' altra buona strategia sarebbe quella di attaccare la rete sul suo lato più debole e costringerlo a commettere errori in questo modo.

Strategia #6

Come sopraffare chi usa I pallonetti

PROBLEMA:

Una partita contro un giocatore che ama eseguire pallonetti o mandare le palline sulla luna più e più volte può essere molto difficile da sostenere e può farti perdere la pazienza. Si vorrebbe attaccare ma egli semplicemente rallenta il tutto con i suoi pallonetti. Quando si desidera entrare in rete sai che stai andando ad eseguire un colpo sopra la testa.

SOLUZIONE:

Non si vorrebbe mai perdere una partita perché si stanno eseguendo percentuali molto basse, mentre il tuo avversario sta colpendo colpi con alte percentuali, come i pallonetti. Il piano migliore sarebbe quello di farlo uscire dalla sua zona di comfort e costringerlo a colpire pallonetti da pessime posizioni in campo, o in zone dove non può eseguire pallonetti. Eseguendo i colpi angolati bassi si costringerà il pallonettista ad uscire dal campo di gioco posteriormente ed ai lati e questo rende l'esecuzione di un pallonetto molto più complicata perché la distanza dalla zona di difesa è breve come se fosse dietro la linea di fondo. Un altro modo per tenere questo tipo di giocatore fuori dallo schema di gioco del pallonetto è quello di colpire semplicemente una palla corta o drop shot per portarli in rete. Lì potrà eseguire una volée o colpire un overhead, ma non fare pallonetti! Un altro modo efficace per battere l'avversario è quello di colpire palle brevi e basse in quanto è molto più difficile eseguire un pallonetto decente dopo un colpo così, dopodiché si può semplicemente colpire dietro di lui dopo che ci ti avrà restituito un pallonetto non tanto buono. L'ultima opzione che hai contro i pallonetti è quella di colpire la palla in aria in modo da non farla rimbalzare. Questo può essere molto efficace se si sta in piedi all'interno della linea di base e se ci si sente a proprio agio a far oscillare la pallina in aria.

Strategia #7

Come battere un pusher

PROBLEMA:

Il "Pusher" o giocatore costante di solito non attacca affatto durante la partita, e vince un sacco di volte. Non commette molti errori e non colpisce i vincitori. Si aspetta che sia tu a commettere gli errori, e questo ti crea tensione.

SOLUZIONE:

Il "Pusher" di solito deve essere costretto a fare errori. Uno dei modi migliori per fare in modo che commetta errori è portandolo alla rete con un tiro a goccia o con una palla corta, e poi semplicemente fargli eseguire una volée o un colpo alto che di solito è quello che gli riesce peggio dal momento che spende così tanto tempo sulla zona di difesa, mantenendo la palla sempre in gioco. Se sei in grado di fare un buon gioco a rete, dovresti attaccare a rete con colpi veloci e bassi, costringendolo a rischiare di più andando ad eseguire un colpo di passaggio o un pallonetto. Entrambe le strategie sono efficaci contro questo stile di gioco.

CAPITOLO 2: RIGUARDO UNO STILE AVANZATO DI GIOCO

Strategia #8

Cosa puoi fare contro un giocatore molto forte nel topspin

PROBLEMA:

Il Topspin duro sta diventando sempre più popolare nel gioco contemporaneo. Di solito la pallina rimbalza velocemente e in alto rendendo difficile attaccare o entrare in rete. Sarai costretto ad indietreggiare oppure avanzare per colpire la palla.

SOLUZIONE:

Puoi fare diverse cose per contrattaccare una palla in topspin. 1 Puoi semplicemente fare un passo indietro e lasciare che la palla scenda per avere una posizione comoda per colpire. In questo modo non stai colpendo da una posizione al pari o superiore alla tua altezza, che è un colpo molto più difficile da eseguire per la maggior parte delle persone. 2 È possibile colpire la palla quando sta salendo, ma prima che diventi troppo alta e corri verso il campo, mentre lo fai. Per eseguire questo colpo, devi avere una certa abilità a schiacciare la palla, ma può essere gratificante se è possibile fare in modo che il tuo avversario sia precipitoso, con te che rispondi con colpi rapidi in aumento.

Strategia #9

Come avere la meglio su un giocatore che esegue solo slice

PROBLEMA:

Alcuni giocatori di tennis colpiscono solo colpi slice, o perché portano facilmente al successo del gioco, oppure perché non sono in grado di eseguire altri tipi di colpo. La palla rimane bassa e corta rendendo difficili gli attacchi o mettere a segno un colpo vincente.

SOLUZIONE:

Essere pazienti, con questo tipo di giocatore, nel lungo periodo ripaga. La chiave non è quella di colpire su quelle slide basse. Devi cercare di ottenere un tiro basso e muoverti in avanti. Il modo migliore per far perdere il tuo avversario è quello di indurlo alla fuga e chiudere il punto dalla rete, quando farà di nuovo uno slide o confonderlo sulle altezze. Confondere le altezze fondamentalmente significa colpire un topspin basso e poi un topspin alto e continuando a seguire questo modello fino a quando l'avversario non troverà più l'angolo giusto della racchetta, costringendolo a colpire troppo basso a rete o troppo alto e fuori.

Strategia #10

Come ricevere un grande servizio

PROBLEMA:

I giocatori che utilizzano grandi servizi sono avversari difficili a causa della velocità con cui la pallina arriva verso di te. La palla arriverà forte e veloce, senza molto preavviso.

SOLUZIONE:

Oscillare leggermente indietro e muovere i piedi prima che la palla arrivi. Inizia a saltellare con i piedi quando l'avversario colpirà la palla per migliorare il tuo tempo di reazione. Il segreto per rispondere ad un servizio veloce non è quello di colpire ancora più forte. Devi imparare a usare il potere del tuo avversario, semplicemente restituendo una palla ben piazzata. Un sacco di volte avrai notato che non è necessario colpire la palla più forte per essere un buon ricevitore e questa è la cosa più importante da ricordare. Muovi i piedi, tieni gli occhi sulla palla, fai una breve oscillazione indietro, e muoviti in avanti per colpire la palla ed ottenere il punto con questo colpo.

Strategia #11

Come contrastare una palla corta

PROBLEMA:

Le palle corte sono grandi armi perché non richiedono particolare forza. E' un colpo di finezza o anche conosciuto come un colpo di tocco. Le palle corte sono altrettanto preziosi come rispondere ad un colpo vincente o un overhead. Ricorda che la distanza tra un lato e l'altro del campo è inferiore alla distanza spostandosi in avanti in rete. Quando esegui un drop shot effettivamente fai percorrere al tuo avversario una distanza maggiore.

SOLUZIONE:

Il colpo migliore contro un drop shot è semplicemente quello di restituire un'altra palla corta. In questo modo hai meno possibilità di fare passaggi, pallonetti o di sbagliare. Se riesci ad eseguire bene questo colpo, farai stancare l'avversario che dovrà correre in avanti per un colpo inaspettato. Il secondo colpo si può attuare contro un drop shot è un lancio profondo sulla fascia più debole del tuo avversario e poi semplicemente aspettare e colpire una volée o un overhead. Per ridurre la quantità di palle corte eseguiti dal tuo avversario nei tuoi confronti, è possibile colpire la pallina forte e lontana o tenere la palla molto alta e lunga. In questo modo sarà molto più difficile per lui colpire un drop shot.

Strategia #12

Come superare il corridore

PROBLEMA:

I corridori sono avversari difficili, perché normalmente non si arrendono e riescono a rimettere molte palle in gioco. Alcuni giocatori vincono le partite per pura velocità. Essi inseguono palla dopo palla fino a quando i loro avversari finiscono per esagerare e infine perdere.

SOLUZIONE:

I corridori hanno sempre un colpo più debole. Potrebbe essere il loro rovescio, diritto, servizio, volée, o overhead. Trova il loro colpo più debole e iniziare ad attaccare quel colpo invece di cercare colpi vincenti. Devi capire che la sua forza più grande è la sua velocità in modo da poterti concentrare su ciò che sa fare peggio, anche se questo significa non eseguire colpi puliti. Devi essere paziente e permettergli di fare gli errori con il suo colpo più debole. Devi insistere ed essere persistente fino a quando inizierà a commettere errori con quel colpo e dopo non scostarti dal piano. Sarai tentato di chiudere il punto, ma vale sempre la pena di attenersi al piano stabilito invece di permettere che il tuo avversario faccia quello che sa fare meglio, che è correre dietro alle palle. Per battere questo tipi di giocatore devi attaccare le sue debolezze, non la sua velocità perché avresti difficoltà a batterla. Attieniti al piano stabilito e sii persistente.

Strategia #13

Come annientare un grande diritto

PROBLEMA:

I giocatori con grandi o potenti diritti sono comuni nel tennis, così come chiunque deve avere un'arma per segnare i punti, e il più delle volte, i loro diritti sono i colpi più forti. Nel gioco di oggi avere a disposizione potenti diritti è diventata una necessità per vincere più punti perché i giocatori diventano sempre più veloci e più forti e quindi la pallina ha bisogno di essere più veloce e più difficile da ribattere, se si desidera dominare il gioco.

SOLUZIONE:

Il giocatore dai grandi diritti è bravo, purché riesca a colpire la pallina nella sua zona di forza, ovvero tra le ginocchia e l'altezza della spalla. Se si riesce a farlo colpire sotto l'altezza delle ginocchia e sopra l'altezza delle spalle, è probabile che il suo diritto non sia poi così splendido. Prova a rilanciare slide bassi in risposta al suo diritto, o alti topspin per ridurre la quantità di energia che può generare con quel tiro.

Strategia #14

Come avere la meglio su un grande battitore

PROBLEMA:

I grandi battitori riescono a sopraffare i loro avversari da entrambi i lati e spesso iniziano a fare punti con un servizio folgorante. Vincono punti semplicemente colpendo più duramente degli altri.

SOLUZIONE:

Hai bisogno di rallentare un grande battitore con alcuni colpi smorza-velocità come: slide lenti, slide laterali, alti topspin, palle in profondità, palle corte e angoli brevi. I grandi battitori odiano i cambiamenti nella velocità di palla perché li costringe a dover regolare la profondità, l'altezza e la velocità della palla. Dopo un po' tutti questi cambiamenti di velocità, rotazione, e d'altezza faranno perdere o rallentare i grandi battitori per cercare di ridurre gli errori. Quando ti accorgerai di averli tenuti fuori dal loro piano di gioco, potrai iniziare a mettere a segno più punti.

CAPITOLO 3: RIGUARDO INUSUALI STILI DI GIOCO

Strategia #15

Come battere l'"urlatore"

PROBLEMA:

L' "urlatore" può essere rumoroso e fastidioso. Geme ogni volta che colpisce la palla e aumenterà il volume del grugnito a seconda della lunghezza del punto, l'importanza del punto, o in base alla stanchezza.

SOLUZIONE:

Concentrati sugli aspetti più importanti del tuo gioco come la respirazione e il gioco di gambe. Concentrarsi troppo su ciò che il tuo avversario sta facendo ti distrarrà e non ti permetterà di giocare una buona partita. Trova le cose sulle quali riesci a concentrarti nel bel mezzo di un punto, come: fissare le corde, allacciarti le stringhe delle scarpe se sono sciolte o allentate, passarti la spugna quando sei sudato. Se ti distrae troppo, semplicemente grugnisci anche tu.

Strategia #16

Come battere un giocatore che perde tempo sul campo

PROBLEMA:

I giocatori che rallentano il gioco intenzionalmente tra il punto ed il change-over, stanno cercando di controllare il ritmo della partita. Alcuni giocatori devono giocare velocemente al fine di mantenere un ritmo a loro congeniale, mentre ad altri non importa di giocare più lentamente. Rallentare una partita quando si sta perdendo è una grande strategia perchè ti dà più tempo per correggere eventuali errori e tornare in pista. Quando qualcuno fa questo tipo di gioco, per te potrebbe essere difficile trovare un nuovo equilibrio.

SOLUZIONE:

Concentrati su ciò che devi fare. Non cadere nella loro trappola rallentando la partita. Tieniti pronto in ogni momento e dimostra loro che sei sempre pronto a correre.

Strategia #17

Come superare un giocatore veloce

PROBLEMA:

Alcuni giocatori amano correre per fare punti, non permettendo agli avversari di prendere il loro tempo e pensare e questo ti può far commettere tanti errori se non sei abituato ad essere veloce. Di solito prendono brevissime pause per l'acqua e sono sempre pronti a servire prima che tu arrivi alla linea di base per rispondere al servizio.

SOLUZIONE:

Quando qualcuno è costantemente di corsa durante il gioco, il piano migliore è quello di rallentare semplicemente le cose fino al ritmo per te congeniale, dove non commetterai errori dovuti alla fretta. Alcuni dei modi migliori per raggiungere questo obiettivo sono:

- Asciugarsi, bere acqua e respirare lentamente durante il change-over.

- Mettere il tuo asciugamano sulla recinzione posteriore o laterale in modo da dover camminare per tamponarti con l'asciugamano e rallentare il gioco.

- Legare le stringhe delle scarpe prima di servire o prima di restituire un servizio.

- Fissare le corde della racchetta prima di servire o prima di restituire un servizio.

Strategia #18

Come battere il favorito del pubblico

PROBLEMA:

I giocatori beniamini del pubblico possono avere un bel vantaggio durante punti. Alcuni ammiratori e membri della famiglia possono tifare in modo molto forte e intenso, rendendo difficile per chiunque concentrarsi sulla partita. Loro applaudono quando tu perdi un punto. Applaudono durante punti importanti e nel bel mezzo del match.

SOLUZIONE:

I giocatori preferiti dal pubblico sono avversari difficili, quando sono vincenti, ma quando stanno perdendo le cose si fanno abbastanza semplici. Concentrati per iniziare la partita da vincente e per rimanere al top. Più grande è il vantaggio che avrai, meno rumore si sentirà dalla folla. Alcuni dei loro fans, familiari e altre persone lasceranno semplicemente la partita, e questo significherà meno distrazione per te e risultati migliori. Se sei il tipo di giocatore che in realtà gode ad avere una folla contro, per entrare meglio in competizione, allora io consiglierei comunque di iniziare a vincere e continuare a rimanere in vantaggio fino alla fine della partita. I giocatori vengono incitati dalla folla soltanto se sono vincenti o se hanno qualche possibilità di vincere, ma se puoi dimostrare che non hanno alcuna possibilità, la partita sarà semplice.

Strategia #19

Come contrastare gli angoli morbidi

PROBLEMA:

Gli angoli morbidi sono grandi armi da utilizzare, perché costringono i giocatori a scendere dalla linea di base sulle fasce anteriori e laterali. Questo apre tutto il campo al tuo avversario e praticamente gli permette quasi di avere il pieno controllo del punto.

SOLUZIONE:

Il modo migliore per contrastare un tiro angolato morbido è quello di fare una delle tre cose:

- Segui la palla in rete e taglia l'angolo che è stato appena creato.

- Restituisci un altro angolo incrociato facendo un passo indietro verso il centro del campo.

- Colpisci un drop shot proprio di fronte a te per portare l'avversario a rete e poi coprire la metà del campo per bloccare ogni possibilità di eseguire un passaggio.

Strategia #20

Come contrastare I tiri alti e profondi

PROBLEMA:

I colpi alti e profondi, se fatti costantemente, causeranno molti errori alla maggior parte dei giocatori di tennis. In sostanza ti spingono fin dietro alla linea di base e ti costringono a colpire indietreggiando, riducendo la quantità di potenza che potresti generare con il colpo successivo. Spesso sono generati con o senza topspin; rappresentano ancora una minaccia e richiedono un buon contropiede.

SOLUZIONE:

I colpi alti e profondi possono essere contrastati in molti modi.

- Si può fare un passo indietro e restituire un altro tiro alto e profondo e vedere come il tuo avversario reagisce.

- Si può colpire in risalita, non appena la palla rimbalza.

- È possibile tagliare la palla restituendola bassa e corta.

Oltre a contrastare i colpi alti e profondi, si può anche impedire all'avversario di eseguire questo tipo di tiro:

- Colpire slide bassi o topspin con colpi angolati.

- Lanciare la palla in aria colpendo una volée oppure una volée con swing al fine di lanciare la palla con una profonda discesa.

- Tagliare la palla con colpi bassi e brevi che costringono l'avversario ad entrare in campo e quindi per lui sarà molto più difficile eseguire un altro tiro preciso alto e profondo.

Strategia #21

Come avere la meglio su rovesci alti

PROBLEMA:

I rovesci alti sono uno dei colpi più fastidiosi per la maggior parte dei giocatori, soprattutto se si dispone di un rovescio con una mano sola. Questi tiri richiedono più forza per riportare la palla in campo e normalmente un rovescio non è il modo migliore per rispondere ai tiri alti.

SOLUZIONE:

È possibile superare i rovesci alti in tre modi:

1 Puoi girare attorno al rovescio e colpire un diritto.

2 Puoi colpire un rovescio prima che diventi troppo alto.

3 Puoi fare un passo indietro, quanto basta, per colpire di nuovo con una media altezza o un rovescio basso.

Strategia #22

Come battere il giocatore scrap-shot

PROBLEMA:

I giocatori scrap-shot colpiscono palle non convenzionali con spin difficili e di solito non con buona tecnica ma mantengono la palla in gioco e non rendono facile l'attacco ai loro colpi. Alcune tipologie di tiro sono: slice, slice laterali, topspin laterali, palle altissime, palle corte che rimbalzano e ritornano in rete e colpi con tocco morbido.

SOLUZIONE:

Quando non sai cosa aspettarti, la soluzione migliore è quella di stare sulla punta dei piedi pronto a colpire tutti i tipi di colpo. Assicurati di essere vicino alla palla e per farlo dovrai muoverti più del solito. Se non ti trovi a ricevere la palla dopo il rimbalzo, attacca in rete dove potrai colpire la palla in aria e non ti dovrai preoccupare di come rimbalza.

CAPITOLO 4: STRATEGIE MENTALI

Strategia #23

Come dominare I nervi

PROBLEMA:

Essere nervosi durante una partita di tennis è una reazione naturale. La cosa importante è non lasciare che i tuoi nervi compromettano le tue prestazioni. A volte se sei troppo nervoso ti puoi irrigidire durante i punti importanti e questo ti porterà a commettere errori stupidi e aumenterà la probabilità di perdere.

SOLUZIONE:

Ci sono un po' di modi per superare il nervosismo. Qui ci sono solo alcuni, che funzionano molto bene per la maggior parte dei giocatori di tennis:

- Sposta i piedi. Spesso, quando ci si sente nervosi, i piedi rimangono fermi e questo fa aumentare gli errori. Muovere i piedi più e più volte ti aiuterà a colpire meglio la palla e rilassarti durante il punto.

- Respira durante il punto, dentro e fuori. Sia quando la palla arriva a te e quando la colpisci. Quando non stai giocando il punto è ancora più importante respirare profondamente per rilassare i muscoli e ti aiuta a concentrarti sulla tua strategia, e non su quello che provi

- Abbassa il livello di intensità. Prova a pensare positivamente su ciò che stai progettando di fare durante il punto e respira profondamente e lentamente per abbassare la frequenza cardiaca.

Strategia #24

Come dominare lo stress durante un match

PROBLEMA:

Lo stress è un altro fattore che si verifica naturalmente quando ci si sente tesi e sotto pressione sia per la partita che a causa di forze esterne come la famiglia, gli amici, essere in ritardo, dimenticare le attrezzature da tennis, le condizioni atmosferiche, ecc.

SOLUZIONE:

Per superare lo stress bisogna capire ciò che è causa della tensione, in primo luogo. Se sei in ritardo per il match, assicurati comunque di prenderti il tuo tempo e non correre. Non recuperare il tempo perso andando più veloce. Questo, più di ogni altra cosa, potrebbe portarti a perdere troppi colpi. Se sei stressato sul tempo metereologico e senti che si potrebbe iniziare a piovere, si ti dovresti concentrare su un punto alla volta e lasciare che il meteo faccia quello che vuole indipendentemente da quello che sta succedendo all'interno della partita. Se si tratta di un membro della famiglia che sta causando lo stress, dovresti cercare di concentrare la tua attenzione sulla partita e bloccarli al di fuori della tua mente se ti stanno influenzando negativamente. Si può anche chiedere loro di rimanere tranquilli durante la partita o semplicemente di andarsene e tornare dopo la fine della partita. I familiari vogliono che tu sia vincente, ma lo stress della partita può essere eccessivo per loro. Concentrati su ciò che sta causando lo stress e risolvilo per poi concentrarti sulla partita per arrivare alla vittoria.

Strategia #25

Come rimanere concentrati fino alla fine

PROBLEMA:

Rimanere concentrati fino alla fine della partita non è un compito facile in quanto richiede un duro lavoro. Alcune persone iniziano bene ma finiscono in modo terribile a causa di una mancanza di concentrazione. Altri non si concentrano abbastanza a lungo per chiudere un gioco o un set.

SOLUZIONE:

Rimanere concentrati durante tutta la partita richiede un paio di stratagemmi.

1. è necessario avere ricordi visivi che ti aiuteranno a mantenere la tua mente su ciò che è più importante per te nella partita o quello che ti sta aiutando a vincere più punti. Uno dei modi migliori per farlo è quello di avere le note scritte su un pezzo di carta da leggere velocemente durante un change-over. In questo modo terrai a mente ciò che è necessario fare.

2 Scrivi su un adesivo due o tre cose importanti che ti aiuteranno a rimanere concentrato sulla tua partita e metti l'adesivo in un luogo sicuro sulla tua racchetta dove

non possa cadere. L'interno del cuore di una racchetta è un ottimo posto per mettere un adesivo. Il cuore di una racchetta da tennis si trova tra l'impugnatura e le corde.

Strategia #26

Cosa pensare durante un change-over

PROBLEMA:

I Change-over sono uno dei momenti più sottovalutati e meno considerati durante una partita di tennis. A che cosa si deve pensare? Sei stanco e assetato quindi perché dovresti pensare a qualcosa? Beh, i change-over sono il momento migliore per fare ciò che è più importante nel tennis ovvero pensare al fine di trovare soluzioni ai problemi che si hanno in partita e, infine, avere successo.

SOLUZIONE:

Durante un change-over dovresti pensare a quello che ti fa vincere i punti e quello che te li fa perdere. Se non stai segnando punti, dovresti chiederti il perché.

Forse il tuo avversario sta prendendo il controllo del punto fin dall'inizio e ti costringe a colpire solo rovesci e non ti consente di utilizzare il tuo diritto, ovvero il tuo colpo vincente.

Forse non muovendo abbastanza i piedi e quindi dovrai iniziare a concentrarti su questo.

Forse sei stanco e vorresti vincere più velocemente, ma non si sa come però durante la pausa ti rendi conto che devi attaccare in modo più aggressivo e possibilmente colpire di più a rete o eseguire palle corte.

Forse il tuo avversario non sta facendo nulla di speciale e tu sei quello che commette tutti gli errori. Ti rendi conto di questo durante la pausa e decidi la strategia per iniziare a tenere la palla di più in gioco o costringere l'avversario a fare più errori.

Strategia #27

A cosa pensare prima di un match

PROBLEMA:

Prima della partita è importante riflettere sulle cose da preparare per un piano d'attacco ma sapere a cosa è meglio pensare fa una grande differenza quando si tratta di vincere e perdere.

SOLUZIONE:

Sì, durante la partita dovresti fare del tuo meglio per non pensare troppo, ma prima della partita dovresti assolutamente prepararti su quello che farai durante l'incontro in modo che si possa inserire il "pilota automatico" durante la partita e semplicemente eseguire ciò che avevi pensato in anticipo. Dovresti pensare a ciò che è può portarti maggiormente al successo. Ciò potrebbe includere:

- Muovere i piedi.

- Gettare la palla in alto sulla servizio.

- A seguito attraverso i vostri colpi a terra.

- Tenere gli occhi sulla palla.

- Non correre durante i punti.

- Attaccare il tuo avversario per indebolirlo fin dall'inizio.

- Attaccare l'avversario sul secondo servizio.

- Non lasciare che qualcosa nei dintorni ti distragga.

Strategia #28

A cosa pensare durante la notte che precede l'incontro

PROBLEMA:

La notte prima della partita si dovrebbe riposare e pensare solo a cose sulle quali si ha il controllo. Non preoccuparti di eventi che tanto non potrai comandare come pioggia, vento, ecc. Assicurati che il tuo corpo e la mente riposino la notte prima della partita, perché non vorrai iniziare una nuova giornata con stanchezza o debolezza.

SOLUZIONE:

La notte prima della partita dovresti visualizzare come ti piacerebbe giocare il giorno successivo. Puoi immaginare strategie specifiche che vorresti mettere in pratica, quali:

- Tagliare e attaccare la rete.

- Eseguire alti topspin rispondendo ai rovesci del tuo avversario sul suo lato più debole.

- Fare lunghi scambi incrociati.

Altre cose da visualizzare la sera prima potrebbero essere:

- Vederti inseguire colpi difficili da angolo ad angolo.

- Essere in piedi fiducioso per tornare servire.

- Gettare la palla con orgoglio prima di servire.

- Essere motivato ed energico tra i punti.

Strategia #29

Cosa fare quando stai perdendo di un set

PROBLEMA:

Quando stai perdendo inizi a dubitare di te stesso e pensi che non potrai più vincere la partita. Sapere cosa fare per cambiare le cose è una questione sia emotiva che fisica.

SOLUZIONE:

Quando sei giù di un set è necessario comprendere che la chiave è nel capire dov'è che si stanno perdendo punti e dove si vincono.

Se ti stai perdendo a causa di molti colpi alti e questo è ciò che il tuo avversario ti costringe a colpire per la maggior parte del tempo, allora dovresti provare ad attaccare la rete di più e ridurre la quantità di colpi alti eseguito dalla parte posteriore del campo.

Se stai perdendo su scambi lunghi è perché il tuo livello di forma fisica non è forte come il tuo avversario, allora dovresti trovare un modo per eseguire punti chiave brevi. Dovresti portare il tuo avversario a rete più spesso o correre verso più colpi vincenti.

Se stai vincendo punti quando aggiri un rovescio per colpire un diritto, allora dovresti cercare di correre aggirare molti colpi e colpire diritto. Se hai vinto tutti i punti con il tuo primo servizio, allora dovresti concentrarti di più sui primi servizi.

Strategia #30

Cosa fare quando sei in vantaggio di un set

PROBLEMA:

Se hai vinto il primo set, hai un vantaggio emotivo e psicologico nel corso della partita che conta pesantemente. Che cosa dovresti fare nel secondo set per vincere la partita?

SOLUZIONE:

Dopo aver vinto il primo set sai che il tuo avversario farà uno sforzo maggiore per arrivare in alto nella partita. Inoltre, sai che sei vicino al traguardo dal momento che hai già vinto una gara.

La chiave è di mettere in pratica queste 3 cose:

1 Continuare a fare quello che stavi facendo mentre vincevi i punti. Modificare una strategia vincente non è il piano giusto, a questo punto. Non apportare modifiche stupide come ad esempio essere più aggressivo.

2 Fare uno sforzo supplementare per i primi 3 game della partita in modo che da avviarsi già con un buon vantaggio. Questo demoralizzerà l'avversario ed il resto della partita

sarà più facile. 3-0 o 2-0 o 4-0 sono tutte grandi partenze per una seconda serie.

3. Assicurati di rimanere in vantaggio fino a quando la partita finisce per non lasciare che il tuo avversario prenda in considerazione l'ipotesi di avere di vincere l'incontro, perché se non porterai a termine questa operazione, te ne pentirai in seguito.

Strategia #31

Cosa fare quando sei ad un match point

PROBLEMA:

Il match point può essere visto in molti modi diversi. Avere il giusto approccio fa la differenza. Essere troppo sicuro di sé o dubitare di te stesso sono entrambe reazioni molto comuni, ma negative per un match point. Cosa si deve fare?

SOLUZIONE:

Il match point è la più grande opportunità in un incontro per vincere. Assicurati di non pensare troppo durante il match point. Manteni le cose semplici. Qualunque cosa tu stia facendo se porta alla vittoria devi ripeterla senza dubbio durante il match point e fallo con precisione. Se ti senti nervoso, respira semplicemente e muovi i piedi per sbarazzarti almeno un po' dei nervi. Non guardarti in giro e non farti distrarre.

Ricorda: ATTIENITI AL PIANO ORIGINALE!

Strategia #32

Cosa fare dopo un doppio errore di servizio

PROBLEMA:

I doppi falli ti influenzano emotivamente e psicologicamente. Essi sono normali e possono accaderti durante una partita, a meno che non succeda troppo spesso. La differenza sta in quello che fai e pensi dopo il doppio errore per correggere la situazione.

SOLUZIONE:

Concentrati su ciò che è necessario fare per ottenere il servizio. Il secondo servizio richiede un livello di controllo più elevato perché è la tua ultima occasione per ottenere il punto. Non aggiungere alcuna pressione su te stesso o ti innervosirai. Assicurati di seguire questi 5 passi per un doppio fallo in meno:

1 Sii selettivo con i tuoi lanci. Non colpire ogni lancio. Prenditi il tempo necessario e solo colpo serve si sente avrà un'alta probabilità di andare in causa di un lancio ben piazzato.

2 Non avere fretta con il movimento nel servizio.

3. Rimbalza la palla almeno 4 volte prima di servire per rallentarti.

4 Segui il tuo movimento.

5 Tieni il mento e la testa verso l'alto quando la palla impatta contro la racchetta in modo da tenere gli occhi sulla pallina il più a lungo possibile.

Buona fortuna per i tuoi incontri e ricordati di utilizzare queste strategie il più spesso possibile. Esse ti aiuteranno a vincere più partite.

ALTRI TITOLI DI JOSEPH CORREA

Programma di allenamento per un grande servizio nel Tennis

Questo DVD vi insegnerà come servire 10-20 mph più velocemente in un programma di tre mesi, giorno per giorno. Il miglior programma di allenamento per servizi presente sul mercato. Il video include un programma di formazione grafico da 3 mesi e un manuale passo passo. Il DVD mostra come fare gli esercizi correttamente le modalità con le quali si dovrebbero eseguire per avere successo con il programma.

Joseph Correa è un giocatore di tennis professionista e allenatore che ha gareggiato e insegnato in tutto il mondo in tornei ATP e ITF per molti anni. Oltre ad essere un giocatore di tennis professionista, ha una certificazione USPTR di coaching professionale ed una certificazione ITF di coaching per bambini.

Le 33 leggi del Tennis

Le 33 leggi del Tennis è un libro pieno di concetti del tennis preziosi per aiutarti a diventare un giocatore di tennis migliore e più preparato. Questo libro è stato scritto da un giocatore di tennis professionista e allenatore degli Stati Uniti. E 'un libro molto utile che sarà indispensabile e quando meno te lo aspetti ti ricorderà tante piccole ma importanti cose prima di gareggiare.

Il lavoro dei piedi ed Il Cardio nel Tennis di Joseph Correa

Joseph Correa è un giocatore di tennis professionista e allenatore che ha gareggiato e insegnato in tutto il mondo in tornei ATP e ITF per molti anni. Oltre ad essere un giocatore di tennis professionista, ha una certificazione USPTR di coaching professionale ed una certificazione ITF di coaching per bambini.

Per essere più in forma e migliorare la tua mobilità dentro e fuori dal campo da tennis. Un buon lavoro del piede ti migliorerà drasticamente sia rafforzando il tuo cuore sia la parte superiore del corpo. Vedere questo video vale sicuramente la pena per un giocatore di tennis serio, non importa quale sia il tuo livello. Diventerai più veloce, più forte e più agile, e in campo noterai un aumento di accelerazione nel servizio e nelle palle ribattute. Creato da un giocatore di tennis professionista per gli altri per progredire nel loro gioco e vincere più partite.

Lo Yoga nel Tennis di Joseph Correa

Yoga Tennis di Joseph Correa è un ottimo modo per aumentare la tua flessibilità e agilità nel campo. Raggiungi più palle e con un minor numero di infortuni. E 'un ottimo modo per vincere di più, lavorando su una parte diversa del tuo gioco. Il DVD dura circa 30 minuti. Utilizzato da tennisti dilettanti e professionisti per migliorare il loro gioco e durare più a lungo nelle partite. Questo è il modo migliore per un giocatore di tennis a diventare più flessibile e sbarazzarsi di comuni mal di schiena, ginocchio, spalla, tendine del ginocchio, polpaccio, e lesioni al quadricipite. Sarai entusiasta di iniziare! Questa è una versione migliorata del nostro MBS Yoga Tennis 2012.

Addominali nel Tennis di Joseph Correa

Fare esercizi addominali nel Tennis è un grande metodo per migliorare il tuo stato fisico per avere servizi più potenti, diritti e rovesci così come potenti volée. Gli addominali sono la chiave per un gioco migliore. Questo DVD lavora su molti tipi di esercizi di piegamenti, su e giù, e addominali laterali e posteriori che potrai trovare in altri video di addominali. Prendi confidenza quando ti cambi la maglietta durante la partita e colpisci la palla più duramente!

www.ingramcontent.com/pod-product-compliance
Lightning Source LLC
Chambersburg PA
CBHW052123070526
44586CB00016B/2062